D1705132

MIX
Papier aus verantwortungsvollen Quellen
Paper from responsible sources
FSC® C105338

Christian Mönch

Ich leide, also bin ich

Zu Schopenhauers Theorie des Mitleids
und ihrer gesellschaftlichen Bedeutung

**Bachelor + Master
Publishing**

Mönch, Christian: Ich leide, also bin ich: Zu Schopenhauers Theorie des Mitleids und ihrer gesellschaftlichen Bedeutung, Hamburg, Diplomica Verlag GmbH 2012
Originaltitel der Abschlussarbeit: Zu Schopenhauers Theorie des Mitleids und ihrer gesellschaftlichen Bedeutung

ISBN: 978-3-86341-242-5
Druck: Bachelor + Master Publishing, ein Imprint der Diplomica® Verlag GmbH, Hamburg, 2012
Zugl. Fachhochschule Düsseldorf, Düsseldorf, Deutschland, Bachelorarbeit, Dezember 2010

Bibliografische Information der Deutschen Nationalbibliothek:
Die Deutsche Nationalbibliothek verzeichnet diese Publikation in der Deutschen Nationalbibliografie; detaillierte bibliografische Daten sind im Internet über http://dnb.d-nb.de abrufbar.

Die digitale Ausgabe (eBook-Ausgabe) dieses Titels trägt die ISBN 978-3-86341-742-0 und kann über den Handel oder den Verlag bezogen werden.

Dieses Werk ist urheberrechtlich geschützt. Die dadurch begründeten Rechte, insbesondere die der Übersetzung, des Nachdrucks, des Vortrags, der Entnahme von Abbildungen und Tabellen, der Funksendung, der Mikroverfilmung oder der Vervielfältigung auf anderen Wegen und der Speicherung in Datenverarbeitungsanlagen, bleiben, auch bei nur auszugsweiser Verwertung, vorbehalten. Eine Vervielfältigung dieses Werkes oder von Teilen dieses Werkes ist auch im Einzelfall nur in den Grenzen der gesetzlichen Bestimmungen des Urheberrechtsgesetzes der Bundesrepublik Deutschland in der jeweils geltenden Fassung zulässig. Sie ist grundsätzlich vergütungspflichtig. Zuwiderhandlungen unterliegen den Strafbestimmungen des Urheberrechtes.

Die Wiedergabe von Gebrauchsnamen, Handelsnamen, Warenbezeichnungen usw. in diesem Werk berechtigt auch ohne besondere Kennzeichnung nicht zu der Annahme, dass solche Namen im Sinne der Warenzeichen- und Markenschutz-Gesetzgebung als frei zu betrachten wären und daher von jedermann benutzt werden dürften.

Die Informationen in diesem Werk wurden mit Sorgfalt erarbeitet. Dennoch können Fehler nicht vollständig ausgeschlossen werden, und die Diplomarbeiten Agentur, die Autoren oder Übersetzer übernehmen keine juristische Verantwortung oder irgendeine Haftung für evtl. verbliebene fehlerhafte Angaben und deren Folgen.

© Bachelor + Master Publishing, ein Imprint der Diplomica® Verlag GmbH
http://www.diplom.de, Hamburg 2012
Printed in Germany

Verzeichnis des Inhalts

1. Einleitung 1

2. Hinführung zum Begriff des Mitleids bei Schopenhauer 3
    2.1 Der Begriff des Mitleids im Allgemeinen 3
    2.2 Das Mitleid in der Antike 4
    2.3 Die mittelalterliche Philosophie und das Mitleid 5
    2.4 Das Mitleid in der Philosophie des 17. und 18. Jahrhunderts ... 5

3. Der Mitleidsbegriff bei Schopenhauer 9
    3.1 Zum Satz vom zureichenden Grund 9
    3.2 Ein kurzer Abriss zu „Die Welt als Wille und Vorstellung" ... 11
    3.3 Exkurs über die Gerechtigkeit und Menschenliebe 15
    3.4 Schopenhauers echte moralische Triebfeder 16
    3.5 Die individuelle ethische Differenzierung 20
    3.6 Die metaphysische Grundlage des Mitleids 22
    3.7 Zusammenfassung der Kernaussagen 24

4. Zur Gesellschaft 26
    4.1 Zum Begriff und Verständnis von „Gesellschaft" 26
    4.2 Der gesellschaftliche Sinn 27
    4.3 Der subjektive Selbstauslegungsprozeß 27
    4.4 Erfahrung von Gesellschaft 28

4.5 Die soziale Bestimmung 29

4.6 Ethische und poltische Perspektive 30

4.7 Die sozioökonomischen Verhältnisse in der Gesellschaft 31

5. Schopenhauers Ausführungen und die moderne Gesellschaft 33

6. Resümee 38

Verzeichnis der Literatur 39

1. Einleitung

In Zeiten zunehmender sozioökonomischer und -kultureller Spannungen im gesellschaftlichen Zusammenleben bekommt die Frage nach den Eigenschaften, die den Menschen erst zu einem Selbst machen und diesen seinem Selbst nach handeln lassen, eine neu aufflammende Bedeutung. Konträr zu einer scheinbar verstärkt auftretenden *Genese*[1] negativer sozioökonomischer und -kultureller Tendenzen und der damit einhergehenden egoistisch geprägten Selbstverwirklichung des Individuums in der heutigen Gesellschaft, gilt es diese Eigenschaften aufzuzeigen und zu beleuchten.

In diesem Kontext beschäftigt sich die vorliegende Arbeit mit einer der elementarsten menschlichen Eigenschaften, welche die Philosophie in den letzten Jahrhunderten herausarbeiten konnte: dem Mitleid. Dieses erfährt unter der subtilen Bedrohung des individuellen Selbst in der modernen Gesellschaft eine erneute Bewusstwerdung. Es scheint sich zu manifestieren, dass es der Eigenschaft des Mitleids bedarf, welche auch zu den bereits angeführten heutigen gesellschaftlichen Konditionen das Menschliche im Menschen zu garantieren vermag.

Im Verlaufe dieser Arbeit versucht der Autor, die Bedeutung und das Verständnis des Mitleidbegriffs darzulegen. Dies geschieht in Anlehnung an die Ausführungen Arthur Schopenhauers. Nach einem Kapitel der Hinführung zum Begriff des Mitleids, welches einen kurzen Abriss der differenzierten Epochen mit Beispielen mehrerer Autoren darstellt, werden die expliziten Ausführungen Schopenhauers im Folgekapitel aufgegriffen, dargestellt und erläutert. Im Anschluss versucht der Autor den Gesellschaftsbegriff zu erörtern, gesellschaftliche Zusammenhänge aufzuzeigen und deren Konditionen darzulegen. Abschluss findet die vorliegende Arbeit in dem Versuch, potenzielle

---

[1] (gr.) genesis – die Entstehung

Parallelen zwischen den Ausführungen Schopenhauers und den gesellschaftlichen Konditionen bezüglich des Mitleidbegriffs aufzuzeigen.

2. Hinführung zum Begriff des Mitleids bei Schopenhauer
2.1 Der Begriff des Mitleids im Allgemeinen

Der in den westlichen Kulturen vorherrschende Begriff des Mitleids beschreibt die gefühlte Anteilnahme am Schmerz und Leid anderer.[1] Im Kontext von Moral und Ethik wird der Begriff des Mitleids, in Anlehnung an die abendländische Tradition und Kultur, in einem gleich stark ausgeprägten Maße diskutiert wie unter den Gesichtspunkten des christlichen Menschenbildes oder der Psychologie und wird im Allgemeinen als Tugend verstanden.

Der Begriff des Mitleids lässt sich in zwei elementare Basisformen differenzieren. Zum einen kann Mitleid als pathologisch verstanden werden. Hier liegt die Motivation unseres Handelns in einem leiblich erfahrenen Gefühl des Schmerzes. Zum Weiteren kann Mitleid auch durch die *ratio*[2] dominiert und geleitet werden.[3] Die zu erörternde Grundfrage eröffnet sich hieraus allerdings noch nicht. Liegt dem Mitleid ein angeborenes Gefühl zu Grunde und ist es folglich der *natura*[4] zugehörig, ist die Bedingung des Mitleids in der *cultura*[5] zu finden oder lässt sich sogar ein Kontext zwischen diesen beiden Grundgedanken aufzeigen? Nur die Beantwortung dieser Frage kann den Begriff des Mitleids zwischen dem Verständnis als Emotion oder Einstellung definieren und seinen gesellschaftlichen Stellenwert aufzeigen.[6] Dem Mitleid liegt stets die Bedingung der Nähe zu Grunde. Nur das uns anschaulich werdende Leid ruft einen Bezug zum Mitleid hervor. Mitleid darf keinesfalls als eine Empfindung verstanden werden, welche sich ausschließlich auf andere Menschen bezieht. Die Spezies

---

[1] Vgl. Christian, J. L., (1973). S. 288f

[2] (lat.), die Vernunft

[3] Vgl. Samson, L. (1980). Sp. 1411

[4] (lat.), die Natur. Alles was nicht vom Menschen geschaffen wurde. Gegenbegriff zur Kultur.

[5] (lat.), die Kultur. Im weitesten Sinne, das durch menschliche Gestaltung hervorgebrachte.

[6] Vgl. Demmerling, C., Landweer, H. (2007). S. 168

der Tiere ist in das Verständnis des Mitleidbegriffs einzuschließen. Die heutige Diskussion von Mitgefühlen, wie z.B. Empathie, scheint ebenfalls den Begriff des Mitleids zu umfassen.[1]

2.2 Das Mitleid in der Antike

Eine der ersten Erwähnungen und Versuche einer Definition des Mitleidbegriffs lässt sich bereits bei Aristoteles finden. Dieser erläutert einen Zusammenhang des Mitleids zu den Affekten. Aristoteles nach ist eine Identifikation, zumindest partiell, mit demjenigen, mit dem man Mitleid empfindet, vonnöten und als elementare Voraussetzung zu verstehen, um Mitleid zu empfinden.[2] Auch in seiner Poetik findet der Begriff des Mitleids Eingang; auch hier als Affekt, in Bezug auf die von ihm definierte *kátharsis*[3] im Rahmen der klassischen Tragödie in der Poetik, durch welche der Zuschauer eine Läuterung seiner Seele erfährt, da er die Leidenschaften *eleos*[4] und *phobos*[5] durchlebt.[6]

Eine absolute Ablehnung des Mitleids findet sich in der stoischen Philosophie. Die Freiheit von allen Affekten, die *apátheia*[7], ist ihr Ziel. Aber auch die Emotionslosigkeit gegenüber dem eigenen sowie auch dem fremden Leid ist nicht als Ausschluss der Hilfsbereitschaft zu verstehen.[8]

---

[1] Vgl. ebenda

[2] Vgl. Aristoteles, Rhetorik 1385B

[3] (gr.), die Reinigung

[4] (gr.), das Mitleid, auch als Jammer übersetzt

[5] (gr.), die Furcht

[6] Vgl. Aristoteles, (1982). S. 162

[7] (gr.), die Unempfindlichkeit

[8] Vgl. Halbig, C. (2004). S. 66f

2.3 Die mittelalterliche Philosophie und das Mitleid

Betrachtet man den Begriff des Mitleids in der mittelalterlichen Philosophie, so ist die Beachtung auf die christlichen Werte der Barmherzigkeit und Nächstenliebe zu richten, da dem christlichen Verständnis nach das Mitleid deren Voraussetzung darstellt.

So führt Samson weiter aus, dass bereits Lactantius in der Spätantike den Affekt des Mitleids als positiv beschreibt. Diesem zufolge umfasst der Affekt des Mitleids die Vernunft des menschlichen Lebens. Wer diesen aufhebt, macht das menschliche Leben zum animalischen.[1]

Als Weiteres ist es unausweichlich, auf Thomas von Aquin zu sprechen zu kommen. Diesem nach erklärt sich das Mitleid als Liebe zum anderen, welche auf einer Traurigkeit begründet ist, die wiederum auf dem Mitempfinden am Leid des anderen zu basieren scheint. Die von mir bereits zu Beginn des Kapitels angeführte Differenzierung des Mitleidbegriffs findet sich bei Thomas von Aquin wieder. So spricht er in einer Linie von einem sinnlichen Affekt des Mitleids, dem *affectus misericordiae*, welcher die pathologische Form des Mitleids beschreibt; in einer anderen Linie ist die *misercordia*[2] als Tugend zu verstehen, da ihr die Vernunft zu Grunde liegt.[3]

2.4 Das Mitleid in der Philosophie des 17. und 18. Jahrhunderts

Das 17. und 18. Jahrhundert ist von immenser Bedeutung in der Diskussion um den Begriff des Mitleids. Dieser ist zu einem festen Bestandteil einer sich herausbildenden Gefühlsethik geworden.

---

[1] Vgl. Samson, L. (1980). Sp. 1411

[2] (lat.), das Mitleid

[3] Vgl. Samson, L. (1980). Sp. 1411

Im Zuge dieses Kapitels sind mehrere Autoren anzuführen und teils auch konträr gegenüberzustellen.

Mit René Decartes beginnend, findet sich wiederum ein Bezug zu den Ausführungen Aristoteles. Er bestimmt das Mitleid als die differenzierte Traurigkeit, die erst dann in Erregung versetzt wird, wenn jemandem ein Übel widerfährt, welches dieser nicht verdient.[1] Dieser Beschreibung des Mitleids gegenüber äußert sich Thomas Hobbes konträr zu Decartes Ausführungen. Er beschreibt das Mitleid als einen egoistischen Affekt, dem die gezielte Furcht vor dem eigenen zukünftigen Leben zu Grunde liegt und benennt es als eine *perturbation animi*.[2] Folglich beeinträchtigt das Mitleid die eigenen Überlegungen.[3]

Als Weiteres ist in diesem Kapitel die Philosophie des moral sense mit ihren Vertretern David Hume und Adam Smith anzuführen. Der moral sense ist als eine Theorie des Mitleids, die durch Hutchesons und Shaftesbury begründet wurde, zu begreifen, welche versucht, die Genese moralischer Begriffe aus dem Inneren her zu erklären und fassbar zu machen.

David Hume nach gibt es zwischen den Menschen eine vorauszusetzende natürlich bedingte Ähnlichkeit, die es ermöglicht, sich die Gefühle anderer begreifbar zu machen und zu verstehen.[4] Hier führt er die Einbildungskraft an. Hume benutzt in seinen Ausführungen den Begriff der *sympathy*[5]. Mitleid ist eine Sonderform von *sympathy* und Hume formuliert einige Merkmale. So setzt er das Mitleid in Abhängigkeit zu der Nähe des zu bemitleidenden anderen.[6]

---

[1] Vgl. Demmerling, C., Landweer, H. (2007). S. 173

[2] (lat.) Störung des Geistes

[3] Vgl. Samson, L. (1980). Sp. 1411

[4] Vgl. Hume, D. (1978). S. 49

[5] (engl.) die Anteilnahme

[6] Vgl. ebenda

Auch Adam Smith benutzt den Begriff der *sympathy* in seinen Ausführungen. Dieser bildet den Kernpunkt seiner Moralphilosophie.[1] Inhaltlich geht Smith mit Hume sehr stark d'accord. Allerdings liegt in Smiths Ausführungen ein Schwerpunkt auf der menschlichen Einbildungskraft, der er mehr Bedeutung zumisst als Hume. Er differenziert, dass der Schmerz des Leidenden stets stärker sein wird als der des Mitleidenden. So sind die Gefühle eines anderen nicht direkt erfahrbar; es herrscht stets nur eine Vorstellung dieser vor.[2]

Ein weiterer Autor, der in dieser Thematik angeführt werden muss, ist Jean-Jacques Rousseau. Seine Ausführungen sind für die Moderne von immenser Bedeutung.[3] Er beschreibt den Begriff des Mitleids als „präreflexiven" Trieb. Auch Rousseau sieht diesen Affekt in der Natur begründet. Folglich umfasst er auch die Welt der Tiere. Das Mitleid ist nach Rousseau die einzige natürliche Tugend, die dem Menschen im Naturzustand[4] zugesprochen werden kann.[5] Das Faktum der Anschaulichkeit des Leidens wird ebenfalls verdeutlicht und das Mitleid als Identifikation verstanden. Rousseaus Ausführungen finden ihre Finalität in einer ‚Doktrin des Mitleids': „Befördere dein Bestes, aber laß es andern so wenig zum Nachteil gereichen, als möglich ist".[6]

Abschluss möchte ich in diesem Kapitel in den Ausführungen Lessings finden. Dieser ist primär an der ästhetischen Perspektive des Mitleids interessiert. Die Fähigkeit des Mitleids ist für ihn eine der wichtigsten Tugenden. Er führt aus: *Der mitleidigste Mensch ist der beste Mensch.*[7] Lessing erarbeitet, in Auseinander-

---

[1] Vgl. Demmerling, C., Landweer, H. (2007). S. 173

[2] Vgl. ebenda

[3] Vgl. Samson, L. (1980). Sp. 1412

[4] Bei Rousseau der Mensch, der den Einklang mit der Natur sucht. Im Allgemeinen, der Zustand vor der Genese eines menschlichen Zusammenlebens.

[5] Vgl. Rousseau, J-J., (1988). S. 218f

[5] Vgl. ebenda

[7] Vgl. Lessing, G. E. (1972). S. 55

setzung mit Aristoteles, seine Theorie des Trauerspiels. Er interpretiert Aristoteles dahingehend, dass der Affekt der Furcht nicht das andere des Mitleids, eher dessen erweiterte Form ist. Fortführend ist Furcht ein selbstbezügliches Mitleid, das bei dem Gedanken verspürt wird, dass das auf der Bühne dargestellte Leid auch uns selbst treffen könnte. Lessing begründet diese These, indem er den schon von Aristoteles angeführten Aspekt unserer Ähnlichkeit bzw. Gleichheit mit dem Leidenden aufgreift, welcher der Identifikation dienlich ist. Dabei bezieht er sich auf dessen wirkungsästhetische Bestimmungen, welche in der kathartischen Wirkung der Tragödie bestehen, indem sie beim Zuschauer Mitleid und Furcht induzieren.[1] Beim Mitleid, welches durch das Trauerspiel beim Zuschauer hervorgerufen wird, handelt es sich primär um ein episodisches Gefühl. Um als moralisches Gefühl eine Wirkung entfalten zu können, muss es nach Lessing in ein dauerhaftes Gefühl transformiert werden. In dieser Transformation liegt das kathartische Momentum, die elementare Aufgabe der Tragödie.

---

[1] Vgl. Lessing, G. E. (1955). S. 581

3. Der Mitleidsbegriff bei Schopenhauer

3.1 Zum Satz vom zureichenden Grund

Um Schopenhauers Ausführungen zum Begriff des Mitleids begreifbar machen zu können, ist es vonnöten, sich einen Einblick in sein Hauptwerk zu verschaffen, *Die Welt als Wille und Vorstellung*, welches zum Verständnis das Wissen um den *Satz vom zureichenden Grund* voraussetzt. Sein Hauptwerk erläutert die Grundgedanken der Schopenhauerschen Philosophie und bildet die Grundlage für das Verständnis seiner Ausführungen zum Mitleid.

Die Hauptpunkte der Erarbeitung des Satzes vom zureichenden Grund, die zum Verständnis von Schopenhauers Hauptwerk „Die Welt als Wille und Vorstellung" erforderlich sind, seien im Folgenden angeführt und erläutert.

  a) Schopenhauer setzt voraus, dass Vorstellungen bereits gegeben sind. Der Satz vom Grund ist der Hauptgrundsatz aller Erkenntnis. „Nichts ist ohne Grund, warum es sei."[1] Die bereits a priori manifestierten Erkenntnisse lassen den Satze vom Grund in einer vielfachen Gestalt erscheinen. Schopenhauer nach ist es des Weiteren daran, die „Wurzel" des Satzes vom Grund zu ergründen und die Momente zu erfassen, nach denen sich das Grund-Folge- Verhältnis gestaltet. Dieses kann abstrahiert und in einer Formel dargestellt werden. Zu bemerken ist hier, dass die Suche nach der Wurzel keiner Beweisführung gleichgesetzt ist. Der Satz vom Grund ist elementar und kann folglich nicht weiter abgeleitet werden.[2]
  b) Die Wurzel ist im Vorstellungsvermögen, dem Bewusstsein, zu finden, da davon auszugehen ist, dass nur Vorstellungen als gegeben gelten. Dieses Bewusstsein kann stets in Erkennendes und Erkanntes gegliedert

---

[1] Vgl. Malter, R. (2010). S. 16

[2] Vgl. Malter, R. (2010). S. 16

werden. Die a priori verbindbaren Vorstellungen sind in einem Gesetz umfasst, welches als die gemeinsame Wurzel der differenzierten Gestalten des Satzes vom Grund zu verstehen ist. Der Satz vom zureichenden Grund ist als gemeinschaftlicher Ausdruck dieses Gesetzes zu verstehen.[1]

c) Die Vielfältigkeit der Grund-Folge-Verbindungen von Vorstellungen sind stets in den Vorstellungen selbst zu finden. Dies beruht auf der Tatsache der Invarianz der Vorstellungsverknüpfung in den Grund-Folge-Verhältnissen. Hier sind vier Vorstellungsklassen zu differenzieren. Jede Klasse impliziert eine spezifische Gestalt der Wurzel des Satzes vom Grund. Die vier differenzierten Klassen sind, Schopenhauer nach, induziert.[2]

d) Das Resultat der Induktion impliziert folgende vier Klassen. Die erste sind die empirischen Vorstellungen, welche als repräsentant bezüglich der objektiven realen Welt zu verstehen sind. Diese resultiert aus der Vereinigung von Zeit und Raum durch den Verstand. Das Gesetz der Kausalität dominiert die Vorstellungen.[3] Die zweite Klasse umfasst die Begriffe, welche durch Abstraktion aus den Vorstellungen hervorgegangen sind. Der Satz vom Grund gestaltet sich hier als *Satz vom zureichenden Grund des Erkennens*. Die Betrachtungsformen Zeit und Raum bilden die dritte Klasse. Der *Satz vom zureichenden Grund des Seins* ist hier der dominierende Ausdruck des Bestimmtseins durch das Gesetz der Verbindung.[4] Die vierte und letzte Klasse bildet das Subjekt des Wollens. Dieses ist für das Subjekt des Erkennens desgleichen ein Objekt. Der *Satz*

---

[1] Vgl. Ders. S. 17

[2] Vgl. ebenda

[3] Vgl. Ders. S. 17f

[4] Vgl. Malter. R. (2010). S. 18

vom zureichenden Grund des Handelns ist Ausdruck des Entschlusses, dem die Handlungen des Wollens entstammen.[1]

Bei der Betrachtung der vierten Klasse wird eine deutliche Differenz zu den übrigen Klassen offenbar. Das Motiv erklärt sich als Auslöser des Wollens, jedoch bleibt die Erklärung des Willensaktes selbst offen. Aus der Betrachtung dieser Differenz stellt sich für Schopenhauer Folgendes als evident dar. Er geht davon aus, dass der Willensakt selbst nicht in der Zeit ist, sondern nur dessen Handlungen. Ein universaler Willensakt muss folglich außerhalb der Zeit liegen. Aus diesem gehen alle anderen Akte, als Erscheinung, hervor.[2]

e) Das Außerzeitliche in der metaphysischen Betrachtung ist für Schopenhauer von immenser Bedeutung. Der Ursprung des menschlichen Handelns ist ein nichtzeitlicher und unbedingt. Der Akt des Willens ist selbst nicht dem Satz des zureichenden Grunds untergeordnet, da er selbst kein Objekt ist. Er ist das unabhängige und freie Wesen des Menschen selbst.[3]

3.2 Ein kurzer Abriss zu „Die Welt als Wille und Vorstellung"

Die *Welt als Wille und Vorstellung* ist Schopenhauers Hauptwerk. Er beschäftigt sich in diesem mit der elementaren Frage nach einem besseren Bewusstsein. Wie gelangt der Mensch, der auf sein eigenes Leiden fokussiert ist, zu einem Selbstverständnis, das von Schmerz und Tod nicht tangiert wird? Das menschliche Selbstverständnis und das Verständnis der Welt an sich sind eng an das

---

[1] Vgl. ebenda

[2] Vgl. ebenda

[3] Vgl. Ders. S. 19

Prinzip der Endlichkeit gebunden.¹ Die Vereinigung des Erkennens und Wollens in einem Individuum, gebunden an den Satz vom zureichenden Grunde, ermöglichen die Auflösung der Problematik der Leidensaufhebung.² Schopenhauer formuliert dementsprechend den Lösungssatz, dass der Wille das Wesen der Dinge ist und die Welt der Prozess, in dem sich der Wille selbst erkennt.³ Er arbeitet zwei aufeinander aufbauende Prinzipien aus. Primär sieht Schopenhauer den Willen. Diesem gegenüber stellt er die Vorstellung als sekundäres Prinzip, da sie aus dem Willen hervorgeht. Diese Einteilung hält er in seinem gesamten Werk aufrecht. Jedoch zeigt er auch, dass es für das Verständnis vonnöten ist, ein weiteres Verhältnis zwischen Wille und Vorstellung zu erörtern. Dieses bezieht sich auf seine transzendentalen Ausführungen. So bleibt der Wille in der Betrachtung stets ursprünglicher gegenüber der Vorstellung, jedoch wird diese Ursprünglichkeit selbst durch die Vorstellung vermittelt. Folglich gründet die Reflexion des Individuums auf der Vorstellung und nicht auf dem Willen.⁴ Um sich dem Ursprung des Leidens und der Aufhebung des selbigen zu nähern, erkennt Schopenhauer schnell, dass in der Frage nach dem, was die Welt ist, die Erkenntnis, der Welt als Vorstellung, nur ungenügend zu sein scheint und dass es folglich der Ergänzung, die Welt ist auch Wille, bedarf.⁵

In Schopenhauers fortlaufender Gedankenfolge versucht er den Begriff der Vorstellung weiter zu analysieren. So ist diese binär zu begreifen. Sie setzt ein Subjekt, welches zu erkennen versucht, und ein Objekt, welches erkannt wird, voraus. Der Logik folgend ist das Subjekt die stets vorauszusetzende Bedingung der Erkenntnis und kann somit selbst nicht erkannt werden. Dem gegen-

---

[1] Satz vom zureichenden Grunde

[2] Vgl. Malter, R. (2010). S. 50f

[3] Vgl. Schopenhauer, A. (1977). S. 76

[4] Vgl. Schopenhauer, A. (1977). S. 66

[5] Vgl. Malter, R. (2010). S. 53

über steht das mannigfaltige Objekt der Erkenntnis.[1] Um sich noch weiter dem Verständnis der Welt als Vorstellung zu nähern, ist es erforderlich, den Zusammenhang zum Satz vom zureichenden Grunde aufzugreifen. Dieser stellt vier zu differenzierende Gestaltungen auf. Den Seinsgrund, den Werdegrund, den Handlungsgrund und den Erkenntnisgrund. Diese ermöglichen die Konstitution der realen Welt, wie sie vom Individuum erfasst wird. Hierauf basiert die Erkenntnis.[2] Sie ermöglicht dem Individuum, sein Dasein in der Gegenwart, Vergangenheit sowie der Zukunft zu betrachten.

In der weiteren Gedankenfolge ersucht Schopenhauer, den Willen zu definieren. Er erläutert, dass die ganze Welt im Essentiellen Wille ist, was wiederum aus der Beobachtung des Leibes zu begreifen ist. Wille und Leib sind als identisch zu verstehen. Der Wille stellt das Wesen des Leibes dar, so wie der Leib die Gestalt des Willens definiert. Diese Identität erläutert ein Bewusstsein der Divergenz des Willenshaften und des Vorstellungshaften. Die Pole Wollust und Schmerz liegen hier bestimmend zu Grunde.[3]

Ausgeweitet auf die Natur im Ganzen spricht Schopenhauer vom Willen als „Ding an sich".[4] Er führt aus, dass sich die Objektivation des Willens in verschiedenen Phänomenen zeigt. Dies umfasst auch jegliche Selbstobjektivation. Sämtliche Objektivationen des Willens sind determiniert. Der Wille an sich ist jedoch im Absoluten frei. Alles von ihm gewollte unterliegt allerdings einer Notwendigkeit. Jegliche Objektivationen des Willens sind als diesem zu Dienste zu verstehen.[5]

Das menschliche Dasein wird vom Willen begrenzt, sodass es stets zwischen Leiden und Langeweile schwankt und sich des Todes bewusst ist. Die gesamte

---

[1] Vgl. Schopenhauer, A. (1977). S. 68

[2] Vgl. ebenda

[3] Vgl. Safranski, R. (1996). S. 333

[4] Vgl. Malter, R. (2010). S. 77ff

[5] Vgl. ebenda

Welt ist Objektivität des Willens und dieser ist wiederum das Prinzip der absoluten Unerfülltheit, welche als Leiden zu definieren ist. Schopenhauer führt folgernd aus, dass die primäre Prämisse allen Daseins das Leiden ist. Alles Leben ist Leiden.[1] Dies ist die elementare Darstellung des Schopenhauerschen Pessimismus, welcher den Zustand beschreibt, in dem der Wille sich selbst bejaht. Schopenhauer führt weiter aus, dass es das Bestreben sein muss, einen Stillstand des Willens zu induzieren, um eine Aufhebung des Leidens zu erreichen. Er spricht von der *„Meeresstille des Gemüts"*.[2] Zwei Wege, dies zu erreichen, kommen für ihn in Betracht. Der erste ist die *„ästhetische Kontemplation"*.[3] Diese beschreibt eine Loslösung des erkennenden Individuums vom einfachen Erkennen und ermöglicht, durch Ausblendung der Individualität, das elementare Wesen eines Objekts zu erfassen. Dies ist die Idee, welche den Willen selbst darstellt.[4] Eine absolute Aufhebung des Leidens und die damit verbundene Befreiung vom selbigen ist auf diesem Wege allerdings nicht zu erreichen. Hier erläutert Schopenhauer einen zweiten Weg.

Eine Substitution des *velle*[5] durch das *nolle*[6] ist hier erforderlich, um eine unabänderliche Aufhebung des Leidens herbeizuführen. Solange die Bejahung des Willens fortbesteht, induzieren die Motive mannigfaltige Handlungen, welche stets im Interesse des wollenden Individuums stehen, das heißt in einer egoistischen Absicht. Der Egoismus als Verhalten des gänzlich vom Willen beherrschten Menschen führt den Menschen ständig in weiteres Leiden. Je mehr gewollt wird, um so mehr steigt, hinter kurzfristiger trüber Lust verborgen, der

---

[1] Vgl. ebenda

[2] Vgl. ebenda

[3] Vgl. Malter, R. (2010). S. 77ff

[4] Vgl. ebenda

[5] (lat.) wollen

[6] (lat.) nicht wollen

Schmerz. Eine Befreiung vom Leiden ist folglich als eine Befreiung vom Egoismus zu verstehen.[1] Die Negation des Egoismus, welche die eigentliche Thematik einer Moral darstellt, findet sich in unterschiedlichen Ausprägungen. Zum einen als Faktum der Gerechtigkeit oder der Menschenliebe und zum weiteren als Mitleid, welches sich als höchstmoralische Ebene zu verstehen ersucht. Das Mitleid zeigt am deutlichsten, worin ein Leiden aufhebendes Handeln besteht. Die zwischen den Individuen durch das *principium individuationis*[2] im Erkennen gesetzte Differenzierung wird als *Schleier der Maja*[3] erkannt.

Eine finale Erlösung wird durch das Mitleid allerdings nicht herbeigeführt, da selbst das Mitleid nicht mit einer absoluten Negation des Lebens gleichzusetzen ist. Diese wird dann erreicht, wenn es, Kraft der totalen Durchschauung des Individuationsprinzips, ermöglicht wird, das Erkennen so zu ändern, dass ein Wirken des Willens verhindert wird.[4]

3.3 Exkurs über die Gerechtigkeit und Menschenliebe

Der Gesamtheit Schopenhauers Ausführungen bezüglich, sind an dieser Stelle einige kurze Erläuterungen zu den Begriffen der Gerechtigkeit und Menschenliebe, die Schopenhauer als Kardinaltugenden versteht, anzuführen. Die Thematik der vorliegenden Arbeit erfordert allerdings keine ausführliche Erarbeitung dieser, folglich erheben meine Ausführungen auch keinerlei Anspruch auf Vollständigkeit.

Schopenhauer führt aus, dass derjenige gerecht ist, der seinen eigenen Willen nicht so weit bejaht, dass ein anderer negiert wird. Das Fehlen der absoluten

---

[1] Vgl. ebenda

[2] Das Prinzip, das die Individualität bedingt.

[3] Metapher für die Täuschung der Sinne

[4] Vgl. Malter, R. (2010). S. 89f

Scheidewand zwischen dem eigenen Sein und dem anderen ist kennzeichnend für ein gerechtes Verhalten. Das gerechte Individuum ändert seine Handlungsweise durch sein Verständnis des *principium individuationis*, zumindest in dem Grade des Nicht-Unrechttuns. Es erkennt sein eigenes Wesen im anderen wieder und setzt sein eigenes Wesen dem anderen gleich.[1]

Schopenhauer führt weiter aus, dass die Menschenliebe, bezüglich der Gerechtigkeit, in dem Punkt höher einzuordnen ist, dass sie sich selbst unter der Drohung von Entbehrung und Not zeigt. Der Unterschied zwischen dem Ich und dem anderen ist von geringer Bedeutung und das Individuum versucht ein Gleichgewicht zwischen dem Ich und dem anderen herzustellen, da das fremde Leid fast so empfunden wird wie sein eigenes. Dem Individuum wird bewusst, dass der Unterschied zu den anderen nur eine Täuschung ist. Es erkennt, dass der Wille das Ding an sich ist und in allem lebt, selbst im Tier.[2]

3.4 Schopenhauers echte moralische Triebfeder

Anknüpfend an das vorangegangene Kapitel ist es nun möglich, das Mitleid und seine Bedingungen bei Schopenhauer zu beleuchten und zu erörtern. Er geht von einer einzigen echten moralischen Triebfeder aus, für deren Nachweis er mehrere zu differenzierende Prämissen formuliert.[3] Diese stellen sich wie folgt dar.

1. Jeder Handlung liegt ein hinreichendes Motiv zu Grunde, d.h. es bedarf eines adäquaten Anstoßes, um den entsprechenden Stein ins Rollen zu bringen.

---

[1] Vgl. Malter, R. (2010). S. 90f

[2] Vgl. Ders. S. 91

[3] Vgl. Schopenhauer, A. (1977). S. 245

2. Gilt die erste Prämisse als erfüllt, so kann eine Handlung nur aussetzen, wenn ein ausreichend stärkeres Gegenmotiv das Unterbleiben der Handlung, unter dem Gesichtspunkt der Notwendigkeit, induziert.[1]

3. Wohl und Wehe sind explizit als auf den Willen wirkende Fakti zu verstehen. Folglich ist auch davon auszugehen, dass jedes Motiv im Kontext von Wohl und Wehe zu betrachten ist.[2]

4. Dementsprechend ist auch eine jegliche Handlung in Beziehung zu setzen auf ein für das Wohl und Wehe zugängliches Wesen.[3]

5. Dieses Wesen mag ein Handelnder selbst oder auch ein der Handlung gegenüber passiv Beteiligter sein.[4]

6. Ist der alleinige Zweck einer Handlung das Wohl und Wehe des Handelnden selbst, so ist sie Ausdruck des puren Egoismus.[5]

7. Alles Vorweggenommene bezüglich der Handlungen findet ebenso in der Unterlassung der selbigen ihre Gültigkeit.[6]

8. Egoismus und moralischer Wert einer Handlung sind nicht miteinander vereinbar. Liegt einer Handlung ein egoistischer Zweck zu Grunde, so kann man ihr keinen moralischen Wert zuschreiben.[7]

9. Die moralische Bedeutsamkeit einer Handlung ist stets in ihrer Beziehung zu anderen zu finden. Folglich kann sie nur in Bezug zu ihrem moralischen

---

[1] Vgl. Schopenhauer, A. (1977). S. 245

[2] Vgl. ebenda

[3] Vgl. ebenda

[4] Vgl. ebenda

[5] Vgl. ebenda

[6] Vgl. ebenda

[7] Vgl. ebenda

Wert eine Handlung der Gerechtigkeit oder Menschenliebe darstellen.[1]

Aus den vorangegangenen Prämissen lässt sich zusammenfassend ableiten, dass jede Handlung stets im Wohl und Wehe begründet sein muss. Entweder liegen diese beim Handelnden selbst oder bei einem der Handlung passiv Beteiligten. Das Wohl und Wehe ist die grundlegende Triebfeder einer jeden Handlung und kann als solche Ausdruck des Egoismus des Handelnden und somit ohne moralischen Wert sein.[2]

Die einzige Ausnahme dieser Feststellung liegt darin, dass die Motivation einer Handlung ausschließlich im Wohl und Wehe eines anderen liegt und somit von einem moralischen Wert ist.

Hier eröffnet sich allerdings eine Problematik, die es zu ergründen gilt. Worin liegt es begründet, dass mein eigener Wille vom Wohl und Wehe eines anderen bewegt wird? Die Lösung dieser Problematik liegt in der Aufhebung des Unterschieds zwischen dem eigenen Ich und dem anderen. Schopenhauer spricht von einer Identifizierung mit dem anderen. Diese wird durch die Vorstellung ermöglicht.[3] Der aufgezeigte gesamte Prozess beschreibt das Mitleid, die Teilnahme am Leiden eines anderen und die Abwendung dieses Leids. Das Nicht-Ich wird zum Ich. Jegliche echte Menschenliebe liegt im Mitleid begründet.[4] Von dieser Grundtriebfeder, dem Mitleid, lassen sich nach Schopenhauer die Kardinaltugenden ableiten. Hier sei noch angeführt, dass er überhaupt von drei Grundtriebfedern ausgeht, die er wie folgt einteilt und be schreibt:

---

[1] Vgl. Schopenhauer, A. (1977). S. 246

[2] Vgl. ebenda

[3] Vgl. Ders. S. 247f

[4] Vgl. ebenda

a. Der Egoismus, der von grenzenlosem Ausmaße und stets nur auf das eigene Wohl bedacht ist.
b. Die Bosheit, die stets nach dem fremden Wehe strebt.
c. Das Mitleid, das sich nur am fremden Wohl orientiert.

Eine jegliche Handlung lässt sich auf eine dieser Grundtriebfedern zurück führen. Da den hier zum Diskurs stehenden Handlungen ein moralischer Wert zugeschrieben wird, müssen diese auf der dritten Grundtriebfeder, dem Mitleid, basieren, da den beiden anderen Triebfedern dieser aufgrund der moralischen Verwerflichkeit abgesprochen werden muss.[1] Schopenhauer führt weiter aus, dass die Teilnahme am anderen auf dessen Leiden beschränkt ist. Er erklärt weiter, dass Schmerz und Leiden, welche jegliche Entbehrung sowie auch jeglichen Wunsch umfassen, als positiv zu verstehen sind. So sind die Befriedigung der Genüsse und die Tilgung des Schmerzes in ihrer Wirkung als negativ zu verstehen.

Nur der Mangel, das Leiden und die Hilflosigkeit des anderen rufen unsere Teilnahme hervor, so, wie auch das eigene Leiden, die eigenen Bedürfnisse und Wünsche einen selbst antreiben, wohingegen ein Zustand der Zufriedenheit und des Glücks einen in Untätigkeit verweilen lassen.[2] Schopenhauer distanziert sich von der Auffassung, das Mitleid entstehe durch eine Täuschung der Phantasie, in der man sich an die Stelle des Leidenden versetzt und in der Einbildung die Schmerzen und Leiden des anderen an der eigenen Person zu verspüren scheint. Er formuliert die Maxime: *Neminem laede; imo omnes, quantum potes, juva!*[3] [4]

---

[1] Vgl. Schopenhauer, A. (1977). S. 249

[2] Vgl. Ders. S. 250f

[3] (lat.) Verletze niemanden; vielmehr hilf allen, soweit Du kannst.

[4] Vgl. Schopenhauer, A. (1977). S. 251

3.5 Die individuelle ethische Differenzierung

Die abschließende Frage, die Schopenhauer versucht in seiner Ethik zu klären, ist die Grundlage, auf der der Unterschied des moralischen Verhaltens der Menschen basiert. So bewegt ihn der Umstand, warum der Eine durch Mitleid, welches uneigennützige Menschenliebe ist, berührt und angetrieben wird, ein anderer jedoch nicht, und ob aus einem hartherzigen Menschen durch die Ethik ein mitleidendes Individuum werden kann. Dies letztere negiert Schopenhauer umgehend und erklärt, dass die charakterlichen Differenzen der Individuen angeboren und unabänderlich sind.[1] So erkannte Sokrates bereits, *in nostra potestate non est, bonos, aut malos esse.*[2] [3] Um dies fortlaufend zu vertiefen, beleuchtet Schopenhauer in seinen Ausführungen noch weitere klassische Autoren. Selbst Seneca stellte bereits fest: *Velle non discitur.*[4] [5] Dies mag erläutern, warum selbst der Gewillte seine charakterlichen Unterschiede nicht dauerhaft aufzuheben vermag. Des Weiteren führt Schopenhauer Aristoteles Ausspruch aus dessen Nikomachischer Ethik an: *Singuli enim mores in omnibus hominibus quodammodo videntur inesse natura: namque ad justitiam, temperantiam, fortitudinem ceterasque virtutes apti atque habilis sumus, cum primum nascimur.*[6] [7]

Welchen weiteren Schritt in den Überlegungen lassen diese Aussagen zu? Es wird deutlich, dass alle Tugenden, sollen sie als echt verstanden werden, angeboren sein müssen. Die konträre Annahme schließt einen Fortbestand der

---

[1] Vgl. Ders. S. 290

[2] (lat.) Es steht nicht bei uns, ob wir gut oder böse sind.

[3] Vgl. Aristoteles, Eth. Magna, I, 9. In: Schopenhauer, A. (1977). S. 291

[4] (lat.) Wollen lässt sich nicht lernen.

[5] Vgl. Seneca, epist., 81, 14. In: Schopenhauer, A. (1977). S. 290

[6] (lat.) Denn allen sind, scheint es, die einzelnen Charakterzüge schon irgendwie von Natur eigen: denn gerecht, mäßig, tapfer und derlei mehr zu sein, ist uns schon von Geburt an gegeben.

[7] Vgl. Aristoteles. Eth. Nikom., VI, 13. In: Schopenhauer, A. (1977). S. 291

Tugenden im Falle einer notwendig werdenden Bewährung aus. Dies umfasst ebenfalls die Tugend der Menschenliebe, die bei den klassischen Autoren stets ausgeklammert wurde bzw. keine Erwähnung fand.[1]

Schopenhauer führt weiter aus, dass die drei Grundtriebfedern des Menschen, Egoismus, Bosheit und Mitleid, in jedem Menschen vorhanden sind. Der Unterschied liegt allein in deren Ausprägung und Verhältnis zu einander. Jedes Individuum wird nur durch die Motive bewegt, für die es, auf Grund seiner Verschiedenheit, empfänglich ist.[2] So ist es auch nicht möglich, einen egoistischen Charakter in einen mitleidenden zu wandeln, denn dies wäre nur eine vorgespiegelte Wandlung. Im Kerne wäre ein solcher Mensch immer noch auf seinen Vorteil bedacht. Eine wirkliche Besserung seines Handelns müsse einer Umkehrung seines Herzens gleichen und dies scheint so unmöglich wie die Wandlung von Wasser zu Wein.[3] Motive können keine Moralität induzieren. Das Handeln eines Menschen kann geändert werden, aber der dahinter stehende Wille bleibt davon stets unberührt. Und diesem allein ist ein moralischer Wert zuzuschreiben. Jeder ist, was seiner Natur entspricht.[4]

Ebenso verhält es sich auch mit der Schuld und dem Verdienst. Scheinen diese sich vorab in den Taten eines Menschen zu manifestieren, finden sie sich im Grunde doch im Charakter eines jeden Menschen, in dem was er ist, in seinem Sein. Schuld und Verdienst sind ebenso wenig wandelbar wie die bereits zuvor beleuchteten Grundtriebfedern des Menschen, sind sie doch an diese geknüpft.[5]

Der Mensch differenziert zwischen sich und anderen. Die Ausprägung der Moralität ist auf diese Differenzierung zurückzuführen und bedingt, durch die

---

[1] Vgl. Schopenhauer, A. (1977). S. 292

[2] Vgl. Ders. S. 294f

[3] Vgl. Ders. S. 295

[4] Vgl. Schopenhauer, A. (1977). S. 296f

[5] Vgl. Ders. S. 297

sich in der Erinnerung manifestierenden Handlungen, mehr oder minder das Gesamtbild des Charakters, die Konfrontation mit dem eigenen Selbst, das Gewissen, welches unabänderlich und nicht weiter erklärbar ist.[1]

3.6 Die metaphysische Grundlage des Mitleids

Nachdem die Schopenhauerschen Ausführungen bisher auf einer empirischen Betrachtungsweise basieren, ist es nun daran, eine metaphysische Erfassung zu ersuchen. Es soll versucht werden, das angeborene natürliche Mitleid zu ergründen, welches bisher nur als gegebenes Erklärungsmodell hingenommen wurde. [2]

Schopenhauer greift die Begriffe gut und böse auf und beschreibt beispielhaft einen Menschen, der stets hilfsbereit und des Wohls anderer bedacht, folglich eines guten Charakters ist. Hieran lässt sich verdeutlichen, dass ein solcher Charakter in seinem Grunde einen geringeren Unterschied zwischen sich und den anderen macht. Konträr hierzu scheint dem boshaften Charakter dieser Unterschied von einem immens größeren Maße zu sein, welches bis zum Genusse an des anderen Leid gehen mag. Selbst für den egoistisch geprägten Charakter ist das Maße des Unterschieds noch so groß, dass er, dem eigenen Vorteil stets zugewandt, das Leid des anderen hinnimmt. So verdeutlicht Schopenhauer an den benannten Beispielen, dass zwischen dem Ich und dem Nicht-Ich beim boshaften sowie egoistischen Charakter ein immenser Unterschied besteht. Er formuliert diesen bezüglich die Maxime: *Pereat mundus, dum ego salvus sim*[3]. Der Unterschied für den guten Charakter ist demhingegen nicht so groß. Mag er sogar zeitweise in Taten des Edelmuts aufgehoben erscheinen

---

[1] Vgl. Ders. S. 298f

[2] Vgl. Ders. S. 305f

[3] (lat.) Mag die Welt untergehen, wenn nur ich gerettet werde!

und das Ich äquivalent dem Nicht-Ich sein.[1]

Schopenhauer führt weiter aus, dass der Mensch sich selbst als Objekt im Raum erkennt. Diese Erkenntnis ist aber keine absolute. Denn das Erkennende ist selbst nicht zugänglich. So bleibt das Wesen an sich verborgen und das Erkannte mag eine äußere Erscheinung des Wesens sein, jedoch blendet diese über das Sein an sich hinweg.[2]

Anknüpfend an die Erkenntnis der Unterschiede zwischen den menschlichen Charakteren stellt sich nun die Frage nach dem, was diese zu bedingen vermag. Schopenhauer findet die Antwort hierauf in der Bedingung des Raums und der Zeit. Äquivalent zu diesen benutzt er den Begriff des *principium individuationis*. Fortführend erläutert Schopenhauer in Anlehnung an Kant, dass Raum und Zeit Formen unserer eigenen Anschauung und dieser angehörig sind und nicht den Dingen, die diese zu erkennen vermochte. Folglich können sie keine Bestimmung der Dinge an sich, sondern lediglich Partizip derer Erscheinung sein. Sind dem Wesen an sich aber Raum und Zeit fremd, so verhält es sich ebenso mit der Vielheit. Es ist das eine Wesen, das sich in allem aus der Vielheit Hervorgegangenen manifestiert und die Vielheit ist als bloße Erscheinung zu begreifen.[3] Diesem Ausdruck liegt, Schopenhauer nach, das Mitleid zu Grunde. Es ist das grundlegende metaphysische Faktum der Ethik. Das eine Individuum erkennt sein wahres Wesen im anderen wieder. Die Scheidewand zwischen dem Ich und dem Nicht-Ich scheint aufgehoben und die bisher unüberwindbare Kluft zwischen den Individuen ist hinfällig. Das grundlegend feindliche Verhältnis zur Welt ist nichtig, denn der Mensch selbst ist in seinem Wesen die Welt und umgekehrt.[4]

---

[1] Vgl. Schopenhauer, A. (1977). S. 306f

[2] Vgl. Ders. S. 307

[3] Vgl. Schopenhauer, A. (1977). S. 308ff

[4] Vgl. Ders. S. 310f

3.7 Zusammenfassung der Kernaussagen

Der große Theoretiker des Mitleids, Arthur Schopenhauer, betrachtet Mitleid als ein elementares Gefühl, welches jedes Individuum miteinander verbindet und auf der Identifikation beruht. Er ersucht auf dem empirischen Weg das Fundament der Ethik zu ergründen. Schopenhauer sucht nach der Triebfeder, die zu einer moralischen Handlung motiviert. Eine einzige moralische Triebfeder findet Schopenhauer im Mitleid als einem ethischen Urphänomen. Nach Schopenhauer gibt es drei Grundtriebfedern, auf die jede menschliche Handlung zurückzuführen ist. Den Egoismus, der das eigene Wohl will, die Bosheit, die das fremde Wehe will und das Mitleid, das das fremde Wohl will. Das Mitleid ist die einzige moralische Triebfeder. Es bildet das konträre Gewicht zum Egoismus und der Bosheit und bildet nach Schopenhauer die Grundlage der Moral.

Das Mitleid führt zur Einsicht der Wesensidentität aller Lebewesen als Leidende. Es bindet auch die Tiere mit ein. Mitleid, verstanden als *caritas*, ist für Schopenhauer die einzige Form der Liebe; alle anderen derart bezeichneten Emotionen sind Täuschungen und Ausdruck des Egoismus. So schreibt er: „Alle wahre und reine Liebe ist Mitleid, und jede Liebe, die nicht Mitleid ist, ist Selbstsucht".[1]

Der Anblick des Leidens eines anderen führt dazu, dass wir im fremden Leid unser eigenes Leiden erkennen. Ein weiterer Schritt besteht darin, im betrachteten Leid das Leiden der ganzen Welt zu erkennen und in diesem sowie auch im eigenen das Wesen allen Seins.

---

[1] Schopenhauer, A. (2000). S. 416

Mitleid dient folglich in Schopenhauers Metaphysik der Selbsterkenntnis. Auf dieser Stufe des Mitleids wirkt es als Gegenmotiv zur sich im Egoismus ausdrückenden Willensbejahung und führt durch Resignation zur Willensverneinung.

Im Mitleid wird der Unterschied zwischen dem Individuum und dem anderen, auf welchem der Egoismus gründet, aufgehoben.

Als obersten Grundsatz der Ethik formuliert Schopenhauer folgende Maxime: *„Neminem laede; imo omnes, quantum potes iuva!"*[1]

---

[1] (lat.) Verletze niemanden; vielmehr hilf allen, soweit Du kannst.

4. Zur Gesellschaft

4.1 Zum Begriff und Verständnis von „Gesellschaft"

Der Begriff der Gesellschaft ist von einer immensen Komplexität geprägt, welche eine Erläuterung erfordert bzw. eine präzise Differenzierung voraussetzt. Das primäre Augenmerk liegt in diesem Kapitel auf dem Verständnis von Gesellschaft als eine Form des menschlichen Zusammenlebens, welche sich in der bürgerlichen und industriellen Gesellschaft über die individuelle Erfahrungswelt dominierend entwickelte. Der Mensch ist auf das Zusammenleben mit anderen angewiesen und bedarf der Fähigkeiten dieser zur Befriedigung seiner Bedürfnisse.[1] Folglich gehört er, Aristoteles nach, als *zoon politikon*[2] verstanden.

Den aristotelischen Ansichten nach ist das gute und sittliche Leben Ziel und Zweck des gesellschaftlichen Zusammenlebens. Die utilitaristische Betrachtungsweise hingegen, sieht das Ziel und den Zweck von Gesellschaftsbildung einzig im gegenseitigen Nutzen verdeutlicht und manifestiert.[3]

Für die moderne Soziologie ist die Orientierung an dynamischen Funktionsmodellen kennzeichnend. Diese versuchen die Interaktionen zwischen Individuum und Gruppe sowie Gruppe und Gesellschaft beschreibend zu erläutern und zu definieren. Die Frage nach der Kausalität und der Funktion von Gesellschaft bleibt in den Überlegungen stets ausgeblendet und ist kein Gegenstand der sozialwissenschaftlichen Betrachtung.[4]

---

[1] Vgl. Schäfers, B. (2010). S. 89f

[2] (gr.) Lebewesen in der Polisgemeinschaft

[3] Vgl. Lemcke, M. (1988). S. 110f

[4] Vgl. Lemcke, M. (1988). S. 110f

4.2 Der gesellschaftliche Sinn

Die menschliche Erfahrung ist das primär prägende Faktum für die Gesellschaft. Der gesellschaftliche Sinn kann nur gehaltvoll sein, wenn soziale Phänomene in der Gesellschaft einen Bezug finden. Sinnmomente werden in der Sozialwelt artikuliert und realisiert. So sind soziale Wechselwirkungen der Beteiligten, deren sinnhafte Einstellung vorausgesetzt, impliziert.[1] Der Charakter einer Gesellschaft ist aus ihrer Funktion für den Menschen abzuleiten. Eine Funktion liegt in der Orientierung menschlichen Handelns, eine Weitere in der Abgrenzung sozialer Existenz als ein objektives Vorkommnis. Betrachtet man die Gesellschaft unter dem Gesichtspunkt der Leistung, so liegen ihre Funktionen primär in der Sozialisierung, der Enkulturation und der Integration. Eine zunehmende Bedeutung bekommt die prozessuale Selbsterkenntnis des Menschen als gesellschaftliche Funktion.[2]

4.3 Der subjektive Selbstauslegungsprozeß

Die Funktion der Gesellschaft im Selbstauslegungsprozess des Menschen ist in der Relevanz der konkreten sozialen Lebenswelt, bezüglich der in ihr agierenden Individuen, zu finden. Die Einstellungsweise des Menschen, mehr oder minder natürlich bzw. sozial bedingt, bildet die Basis der Gesellschaft. Das Bewusstsein der eigenen Identität sowie der eigenen Verantwortung umfassen und bedingen das Wissen um andere. Es besteht eine notwendige Verbindung zwischen dem eigenen und dem fremden Ich. Der Mensch ist mehr als ein beziehungsloses Individuum. Die gesellschaftlichen Beziehungen sind kenn-

---

[1] Vgl. Krause, P. (1973). S. 558

[2] Vgl. Ders. S. 559

zeichnend für die Lebensweise des Menschen als Sozialwesen. Eine menschliche Gesellschaft beruht auf menschlichen Willensentscheidungen. Nur Individuen können eine Gesellschaft realisieren. Wird Gesellschaft reflektiert, so ist es daran, die Voraussetzungen aufzuzeigen, welche das Selbst- und Fremdbewusstsein ermöglichen.

Ebenfalls ist es erforderlich, den Fragen nachzugehen, was dazu beiträgt, dass Menschen sich in einem bestimmten Grade auf Rollen festlegen lassen, was zur Ausübung von sozialen Zwängen führt bzw. den Menschen veranlasst, sich diesen unterzuordnen, und worin, jeglichen menschlichen Anliegen widerstrebend, die Genese von sozialen Fehlhaltungen bedingt ist.[1]

4.4 Erfahrung von Gesellschaft

Der gesellschaftsbezogenen Reflexion liegt keine natürliche Bedingtheit zu Grunde. Die Gesellschaft und der soziale Bezug sind für den gesellschaftlichen Menschen keineswegs als einzigartig annehmbar. Eine primäre Fragestellung für den Menschen ist stets an die zu wählende mögliche Gesellschaftsform gerichtet, nicht an das elementare gesellschaftliche Leben an sich. Das kritische Verhalten gegenüber der alltäglichen sozialen Bindung ermöglicht es dem Menschen, Gesellschaft als einen Sinnmoment anzunehmen und zu erfahren. Der These, dass Gesellschaften unmittelbar vorhanden sind, fehlt jegliches reflexives Kriterium und des Weiteren verdeutlicht sich in der Umkehrung der Selbigen, dass die konkrete Sozialbeziehung Ausdruck der Gesellschaft schlechthin und folglich als Sinngebungsakt nachzuvollziehen ist.[2]

---

[1] Vgl. Krause, P. (1973). S. 560

[2] Vgl. Krause, P. (1973). S. 562

Dem verantwortlichen Bewusstsein ist die Differenz zwischen der natürlichen und der geschichtlich-gesellschaftlichen Wirklichkeit stets deutlich. Es sieht sich unabhängig von einer bestimmenden Kausalität im Prozess der Definition der eigenen gesellschaftlichen Stellung. Die Menschen finden sich im gesellschaftlichen Prozess wieder.

Der Vorgang von Gesellschaft ist nicht von extern beobachtbar. Er wird bei dem Versuch der vorgestellten Rollenübernahme von innen erfahren und der soziale Sinngebungsakt kann nachvollzogen werden. Der Mensch steht in einer besonderen prägenden Verbindung zur Gesellschaft. Hier liegt allerdings auch die scheiternde Identifikation begründet, welche in den gesellschaftlichen Gegensätzlichkeiten auf den Menschen zurückfallen kann.[1] Sozialer Zwang wird vom Bewusstsein reflektiert und dieses begreift, dass nur die Akzeptanz zu seiner Wirkung führt.[2]

4.5 Die soziale Bestimmung

In dem Versuch, Gesellschaft sozial zu bestimmen wird deutlich, dass dies eine eng an das Verständnis von Rolle und Rollenerwartung geknüpfte Betrachtung erfordert. Die Rolle als eine von der Gesellschaft gestellte Verhaltenserwartung, so wie eine vom Individuum angenommene Stellung und Aufgabe zu begreifen, wird dem komplexen Zusammenhang von Individuum und Gesellschaft in einem nur minder ausreichenden Maße gerecht. Das Individuum ist, im Kontext des sozialen Geschehens, nicht als ein Rollenträger hinter einer Rolle zu betrachten, da es bereits hier in einer bestimmten Rolle auftritt. Den sozial bestimmten Komplex von Rollenerwartungen stellt an diesem Punkt der

---

[1] Vgl. Krause, P. (1973). S. 562

[2] Vgl. Ders. S. 563

Betrachtung die Gesellschaft. Die Gegensätzlichkeit von Individuum und Gesellschaft wird von der Bedrohung durch den *regressus ad infinitum*[1] substituiert, da die sozialen Erwartungen auf sozialen Einflüssen basieren. Der Charakter der sozialen Beziehung verdeutlicht, dass das Sozialwesen Mensch keine eigenen Interessen wahrnehmen kann, da dies wieder einen Zustand der nichtgesellschaftlichen Originalität implizieren würde.[2]

Ob die aktive Kraft im sozialen Prozess vom Menschen oder von der Gesellschaft ausgeht, ist eine trügerische Fragestellung. Im sozialen Prozess bildet sich die einmalige Person heraus. Die Identitätsfindung in der Gesellschaft ist durch die Genese individueller Erscheinungen bedingt bzw. diese dient zu einer Konstitution eines eigenen Ichs. Privatheit wird durch gesellschaftliche Regeln definiert, abgegrenzt jedoch auch desgleichen sozial eingefordert.[3]

4.6 Ethische und poltische Perspektive

Es ist daran, die sozialen Erwartungen, welche durch den Einzelnen mitgestaltet werden, und die Rollenerwartungen, welchen sich dieser unterordnet, mit den Maximen zu bestimmen, welche die Selbstverantwortung des Einzelnen bedingen. Diese Verantwortung steht in Beziehung zum Hier und Jetzt jeweiliger Entscheidungen. Dies impliziert zugleich die Forderung nach einer präventiven Konfliktvermeidung. Die Möglichkeit der freien und rationalen Entscheidung vermag eine solche zu generieren, nachdem der sozial geprägte Mensch als real erkannt worden ist.[4]

---

[1] (lat.) Rückschritt ins Unendliche

[2] Vgl. Ders. S. 563

[3] Vgl. Krause, P. (1973). S. 564

[4] Vgl. Ders. S. 565

Des Weiteren ist eine Differenzierung erforderlich. Die Subjektivierung der Gesellschaft als Alibifunktion ist kennzeichnend für ein gewöhnliches Bewusstsein. Dieses geht davon aus, dass alle gesellschaftlichen Bestrebungen zum Besseren hin missraten und die Forderung nach einer Veränderung der Gesellschaft dazu neigt, die individuelle Verantwortung des Menschen zu negieren.

Die Reflexion über Gesellschaft, im Kontext der konkreten Sinngebungsakte, kann als eine Chance verstanden werden, da sie nicht durch die sozialen Verhältnisse geprägt ist, welche sie zu erfassen ersucht. Sie beeinflusst rückwirkend die gesellschaftlichen Vorgänge. In der Reflexion auf die Gesellschaft variiert der Gegenstand des Erkenntnisprozesses, da dieser Prozess selbst am Geschehen partizipiert.[1]

4.7 Die sozioökonomischen Verhältnisse in der Gesellschaft

Die sozioökonomischen Verhältnisse sind geprägt vom Faktum der sozialen Ungleichheit. Diese zeigt sich in der Arbeitsmarktsituation und in sämtlichen anderen gesellschaftlichen Gütern, wie z.B. der Bildung, Gesundheit oder Wohnung. Deutlich wird hier auch, dass zwischen den einzelnen Gütern enge Verbindungen bestehen. So hängen gute ökonomische Verhältnisse, in Form eines hohen Einkommens, meist von einem höher gestellten Arbeitsplatz ab, der sich wiederum auf einen hohen Bildungsabschluss begründet sieht. Folglich lässt der Zusammenhang sich auch umgekehrt darstellen. So kann ein hoher Bildungsabschluss das Risiko von Arbeitslosigkeit minimieren, ist aber dennoch nicht als ein Garant des Schutzes vor Arbeitslosigkeit zu begreifen.

---

[1] Vgl. Krause, P. (1973). S. 566f

Die soziale Ungleichheit wird allerdings in keinem Lebensbereich so deutlich, wie im Zugang und in der Integration in den Arbeitsmarkt. Die überwiegende Majorität der Bevölkerung, nahe zu 90%, ist auf eine direkte oder auch indirekte Weise von einem Einkommen aus lohnabhängiger oder auch selbständiger Tätigkeit abhängig. Diese „funktionierende Erwerbsgesellschaft" ist als elementarer Fundus für den deutschen Sozialstaat zu verstehen, da die Majorität der Sozialleistungen als Transferleistungen zwischen Erwerbstätigen auf der einen Seite und aus der Erwerbstätigkeit Ausgeschiedenen auf der anderen Seite zu begreifen ist.[1] . Es lässt sich beobachten, dass Erwerbslose, die sich von der Gesellschaft als ausgeschlossen verstehen, auch allgemein nur eine geringe Partizipation bezüglich gesellschaftlicher und politischer Ereignisse zeigen. Die aktuelle Struktur des Sozialstaates vermag es nicht mehr, die Differenzen zu überbrücken.[2]

Hieraus ergibt sich, dass auf arbeitsmarkt- und gesellschaftpolitischer Ebene eine Notwendigkeit zur Umstrukturierung besteht, um den ökonomischen Entwicklungen des Marktes adäquat entgegenwirken zu können.

---

[1] Vgl. Oschek, E. (2007). S. 61

[2] Vgl. Ders. S. 68

5. Schopenhauers Ausführungen und die moderne Gesellschaft

Nachdem diese Arbeit, bis zu diesem Punkt, einen Einblick in den Begriff des Mitleids geben konnte, in das epochale Verständnis des Selbigen sowie, im expliziten, in die Ausführungen Schopenhauers einzuführen versuchte und die Gesellschaft mit ihren Bedingungen, Zusammenhängen und Perspektiven beleuchtete, ist es nun daran, eine abschließende kritische Betrachtung der bisherigen Erkenntnisse zu eröffnen, in der potenzielle Parallelen zwischen Schopenhauers Ausführungen und der modernen Gesellschaft aufgezeigt werden können.

So ergeben sich des Weiteren Fragen, deren eindeutige klare Beantwortung keineswegs möglich scheint. Kann das Mitleid wirklich vom Egoismus losgelöst betrachtet werden und steht diesem gegenüber, so wie Schopenhauer es in seinen Ausführungen zu den drei Grundtriebfedern der menschlichen Handlungen aufzeigt? Oder liegt selbst dem Mitleid ein egoistisch geprägtes Motiv dominierend zu Grunde und die äußerlich mitleidige Handlung ist nur ein maskierter Versuch der befriedigenden Selbstverwirklichung?[1]

Welche Antworten man auf diese und weitere Fragen auch finden mag, führen doch all diese zum gleichen Gipfel der thematisch eingebundenen Fragestellung. Welche elementaren Bedeutungen haben die gewonnen Erkenntnisse für unser Zusammenleben in der heutigen modernen Gesellschaft, mit all ihren sozioökonomisch manifestierten Problematiken, die einen jeden Einzelnen täglich auf ein Neues mehr oder minder tangieren und auf eine mehr oder minder ausgeprägte Art und Weise handeln lassen?

Setzt man nun, von diesem Punkte der Betrachtung ausgehend, an, so ist es primär daran, das Aufkommen sowie den Umgang mit dem Mitleid in der heutigen Gesellschaft aufzuzeigen. Hier können mehrere, bedenkliche Ausprä-

---
[1] Vgl. Schiller, H.-E. (2007). S. 28

gungen angeführt werden. So nutzt die kapitalistisch geprägte Gesellschaft das Mitleid zur eigenen Umsatzsteigerung. Dies zeigt sich in vielfältig beworbenen Produkten, bei deren Erwerb ein Teil des Kaufpreises Einrichtungen und Institutionen zugutekommt, welche sich äußerlich dem Gemeinwohl verschrieben zu haben scheinen und angeben, vorhandenes Leid zu bekämpfen. Hier wird aus der Motivation der Kapitalsteigerung vorhandenes Leid in einer manipulativen Weise dazu benutzt, das Mitleid des Kunden zu erwecken. Den gleichen Mechanismus der Instrumentalisierung machen sich auch Spendenorganisationen zu Nutzen. An dieser Stelle ist es allerdings auch erforderlich, die konträre Perspektive zu beleuchten, das Gesellschaftsmitglied, den Kunden. Was mag nun, des Beispiels bezüglich, die vermeintliche Motivation des Individuums gewesen sein und ist ein solches Handeln wirklich als ein mitleidendes zu begreifen? Meiner Ansicht nach, bleibt mir, außer der Unterstellung eines egoistischen Motivs, kein anderweitiger Erklärungsansatz. Eine solche täuschende Handlung, mag der Mensch diese Täuschung auch nicht bewusst erfahren, beruht darauf, dass der Mensch sich im Moment des Anblicks des Leidenden, seiner eigenen konträren Position klar wird. Jeder kennt dementsprechende Äußerungen oder kann sich auch nicht davon frei sprechen, selbst solche bereits getätigt zu haben. „So könnte es mir auch ergehen." Hierin verdeutlicht sich die egoistische Prägung des Motivs. Des Weiteren mag einer solchen Handlung auch nur die Beruhigung des eigenen Gewissens zu Grunde liegen. Wobei sich hieraus wieder die Frage ergeben würde, was dazu geführt hat, dass das Gewissen ein schlechtes zu sein scheint und überhaupt einer Beruhigung bedarf. Bezogen auf Schopenhauers Ausführungen ist hier anzumerken, dass die Grundtriebfeder des Egoismus zwar zu dominieren scheint, aber ist sie nicht im vollen Verständnis Schopenhauers nach hier auch anwendbar, da sie keinerlei mitleidende Tendenzen aufzuweisen vermögen dürfte, eine solche allerdings nicht abzustreiten ist. So wird eine, meiner Ansicht nach, der heutigen Gesellschaft als allgemeingültig zuzuschreibende Charakteristik deutlich.

In der praktischen Erfahrung der heutigen modernen Gesellschaft scheint die von Schopenhauer im Theoretischen dargelegte Differenzierung und Abgrenzung der einzelnen Triebfedern nicht mehr eindeutig definier- und nachvollziehbar zu sein. Die Grenze zwischen Egoismus und Mitleid scheint nicht mehr klar begreifbar zu sein, so dass beide Begriffe nicht mehr von einander losgelöst zu betrachten sind. Ein klar definierbarer Egoismus, wie er von Schopenhauer gedacht wurde, findet sich in der heutigen Gesellschaft nur selten im praktischen Umgang der Menschen. Klar definierbare Beispiele für die sogenannte *Ellenbogengesellschaft* zeigen sich in der Empirie nur selten. Mag es der prägenden Wirkung der Sozialstaatlichkeit auf das gesellschaftliche Zusammenleben zuzuschreiben sein, so scheint die Auffassung, dass *jeder sich selbst der Nächste ist*, nur eine, der kapitalistischen Gesellschaft angedichtete, Mär zu sein.

Woher kommt es aber dann in der heutigen Gesellschaft, dass der Mensch als ein Mitglied dieser, in einem Falle Mitleid empfindet, in einem äquivalenten aber nicht? Was ist es, das das Mitleid in uns hervorruft? Ich gehe davon aus, dass die von Schopenhauer in seinen Ausführungen beschriebenen Prozesse zutreffend sind. Dies impliziert allerdings folgernd, dass der zu ersuchende Beweggrund in einem anderen Faktum zu finden sein muss. Diesen sehe ich in der sozialen Ungleichheit, deren Einfluss auf das gesellschaftliche Zusammenleben eine immer stärkere Gewichtung bekommt. Soziale Ungleichheit ist in sämtlichen Bereichen des gesellschaftlichen Zusammenlebens sicht- und spürbar. Die meiste Beachtung findet in diesem Kontext wohl die Diskussion um die Situation der Erwerbstätigkeit. Diese ist aus den unterschiedlichsten Gesichtspunkten von Bedeutung. Erwerbstätigkeit ermöglicht eine unabhängige Lebensgestaltung. Sie dient der Selbstfindung und -verwirklichung des Individuums und hilft diesem dabei, sich selbst in seiner gesellschaftlichen Rolle zu definieren. Sie ermöglicht und garantiert des Weiteren die Partizipation am sozialen Leben. Bricht dieser Pfahl im Laufe einer Biographie weg, so bringt es die betroffene Person in die Situation des mehrfach Leidenden. Eine Partizipation am sozialen Leben ist nicht mehr möglich und der Erfüllung der an sie gestellten Rollerwartung kann ebenfalls nicht mehr nachgekommen werden. Der Bobachter dieser Entwicklung empfindet nun möglicherweise einen gewissen Grad von Mitleid. Je nachdem, ob die Situation des Betroffenen auch noch als unverschuldet wahrgenommen wird, mag die Ausprägung des empfundenen Mitleids ansteigend variieren.

Was vermittelt uns dies in Bezug auf die Motivation des empfundenen Mitleids und welche Ableitungen können wir daraus treffen für das Verständnis von Mitleid in der heutigen modernen Gesellschaft? Es scheint wohl, dass der Beobachter sich in der beobachteten Situation des anderen der Bedrohung des eigenen Seins bewusst wird. Dies gilt ebenso für sämtliche anderen Szenarien, die das Äquivalente implizieren. Man denke nur daran, was der Anblick eines ungepflegten Wohnungslosen im Winter, welcher in den Einkaufsstraßen der Städte Passanten um einen Obolus bittet, mag er in der weiteren Betrachtung sogar aus sozioökonomisch gefestigten Verhältnissen stammen und unverschuldet in diese Situation gekommen sein, bei dem Beobachter hervorzurufen vermag. Dem Mitglied einer heutigen Gesellschaft wird in einem solchen Moment unverschleiert dargeboten, dass der Wohnungslose, den es betrachtet, niemand anderes ist außer es selbst. Der Mensch mag sich selber im anderen erkennen. Stets unter dem Gefühl der Bedrohung der eigenen Existenz und vom Motiv des Edelmuts entfernt. Für das allgemeingültige Verständnis von Mitleid in der heutigen modernen Gesellschaft lässt sich auch hier wieder erkennen, dass dem sich äußernden Mitleid stets egoistisch geprägte Motive zu Grunde liegen scheinen.

Sollte man sich nun gezwungen fühlen, die praktische Ausprägung eines Mitleidbegriffs in Frage zu stellen oder an der Richtigkeit moralphilosophischer Theorien zu zweifeln? Kann es überhaupt eine praktische Anwendung des Mitleids geben, so wie in den Theorien ausgearbeitet und formuliert? Oder zeigt erst die versuchte Anwendung, ob eine Modifikation der theoretischen Erklärungsversuche erforderlich ist?

Die Ausführungen Schopenhauers bilden diesbezüglich ein gutes Beispiel. Bei der bisherigen Betrachtung wurde wiederholt deutlich, dass die heutige Gesellschaft eine klare Differenzierung von Mitleid und Egoismus in der praktischen Umsetzung nicht möglich macht. Dies impliziert allerdings nicht zugleich, dass Schopenhauers Ausführungen fehlerhaft oder dementsprechend anzuprangern sind. Meiner Ansicht nach liegen die Differenzen der Schopenhauerschen Theorie und dem Mitleid in der heutigen modernen Gesellschaft auf Seiten der gesellschaftlichen Entwicklung. Die Gesellschaft befindet sich stets in einem wechselseitigen Prozess der Weiterentwicklung, Neuausrichtung und -definition. Dieser muss stets in Bezug zu einer Theoriebildung betrachtet und verstanden werden. Folglich muss auch das Mitleid unter dem Gedanken der Prozesshaftigkeit fortlaufend neu gedacht, weiterentwickelt und definiert werden. Bleibt dies aus, so muss die Fragestellung nach potentiellen Parallelen einer modernen Gesellschaft zu den Schopenhauerschen Ausführungen, unter welcher diese Arbeit und dieses Kapitel im Besonderen zu erörtern und begreifen ist, stets negiert werden.

So bleibt zusammenfassend zu bemerken, dass sich in der heutigen modernen Gesellschaft zwar Schopenhauers Theorie partiell im Elementaren wiederfinden lässt, allerdings in einer nicht so klaren und deutlichen Differenzierung wie Schopenhauer sie formulierte und zwingend forderte. Die klare Differenzierung der drei Grundtriebfedern und die Definition des Mitleids als einzig echte, ist in der heutigen Gesellschaft nicht mehr klar erkennbar. Dies verdeutlicht sich auch allerdings nur, wenn man die gesellschaftlichen Konditionen bewusst reflektiert, da die Schopenhauerschen Ausführungen hier in ihrer Deutlichkeit nicht offensichtlich sind.

6. Resümee

Arthur Schopenhauer ist der große Theoretiker des Mitleids innerhalb der klassischen deutschen Philosophie. So provokant der Menschenhasser aus Danzig auf der einen Seite mit seinen Theorien und Ausführungen auch gesehen wird, so konträr und anders sein grundlegender Pessimismus auch sein mag, so bedeutend ist er auf der anderen Seite auch, für den Gegenstand der moralphilosophischen Entwicklung. Schopenhauers Denkweise und die Art seiner Betrachtung war grundlegend verschieden zu allen bisher dagewesenen Ansätzen. In einer Welt, in der anscheinend grundlegend schlechte Einflüsse zu dominieren scheinen, man mag nur an die täglichen Nachrichten denken, in denen einer nicht-schlechten Nachricht schon den Charakter einer Sensation zugeschrieben werden kann, kann der Ausgang einer philosophischen Entwicklung von einer Welt des Schlechten her, nicht mehr zwingend falsch sein.

Auch wenn es nicht unbedingt möglich scheint, Schopenhauer in all seinen Ausführungen zustimmend beizupflichten und diese zu übernehmen, steht deren Bedeutung für die Entwicklung einer eigenen sowie einer allgemeingültigen gesellschaftlichen Moral außer Frage.

Abschließend soll es wohl sein, dass sich der bei Schopenhauer und seiner Philosophie gut aufgehoben fühlen mag, welcher in dem Bewusstsein seiner eigenen Existenz und der damit verbundenen Beschränkung der selbigen, ein Leid verspürt, welches er sich nicht alleine zu erklären und ergründen im Stande sieht und aus dem er rechtzeitig entfliehen mag. Denn, *der Lebenslauf des Menschen besteht darin, dass er, von der Hoffnung genarrt, dem Tod in die Arme tanzt.*[1]

---

[1] Vgl. Schopenhauer, A. (2000)

Verzeichnis der Literatur

Aristoteles. (1982). Poetik. Griechisch/Deutsch. Übersetzt u. hrsg. v. M. Fuhrmann. Reclam

Ders. Eth. Magna, I, 9. In: Schopenhauer, A. (1977). Über die Freiheit des menschlichen Willens / Über die Grundlage der Moral. Kleinere Schriften II. Diogenes Verlag AG. Zürich

Ders. Eth. Nikom., VI, 13. In: Schopenhauer, A. (1977). Über die Freiheit des menschlichen Willens / Über die Grundlage der Moral. Kleinere Schriften II. Diogenes Verlag AG. Zürich

Christian, J. L. (1973). Philosophy. an introduction to the art of wondering. Rinehart Press. Corte Madera, California, U.S.A.

Demmerling, C., Landweer, H. (2007). Philosophie der Gefühle. Von Achtung bis Zorn. J.B. Metzler, Stuttgart, Weimar

Halbig, C. (2004). Die stoische Affektenlehre. in: Guckes, B. (Hrsg.). Zur Ethik der älteren Stoa. Vandenhoeck & Ruprecht. Göttingen.

Hume, D. (1978). Ein Traktat über die menschliche Natur. Buch 2. Über die Moral. Meiner. Hamburg.

Kopp, J., Schäfers, B. (Hrsg.) (2010). Grundbegriffe der Soziologie. Lehrbuch. 10. Auflage. VS Verlag für Sozialwissenschaften. Wiesbaden

Krause, P. (1973). Gesellschaft. In: Handbuch philosophischer Grundbegriffe. Studienausgabe Band 2. Kösel Verlag. München

Lemcke, M. (1988). Gesellschaft/Gesellschaftstheorie. In: Jugendlexikon Philosophie. Geschichte, Begriffe und Probleme der Philosophie. Rowohlt. Reinbek

Lessing, G. E. (1972). Lessing, Mendelssohn, Nicolai: Briefwechsel über das Trauerspiel [1756/57], hg. v. Jochen Schulte-Sasse, München

Ders. (1995). Hamburgische Dramaturgie. In: Ders., Werke, Vierter Band. Hrsg. v. Herbert G. Göpfert. Wissenschaftliche Buchgesellschaft, Darmstadt

Malter, R. (2010). Der eine Gedanke. Hinführung zur Philosophie Arthur Schopenhauers. 2., erweiterte Auflage. Wissenschaftliche Buchgesellschaft. Darmstadt

Oschek, E. (2007): Ist der deutsche Sozialstaat gerecht? Eine sozialphilosophische Betrachtung für die Soziale Arbeit. Berlin. Frank & Timme GmbH

Ritter, H. (2004). Nahes und fernes Unglück. Versuch über das Mitleid. Verlag C.H. Beck. München

Rousseau, J-J. (1988). Abhandlung über den Ursprung und die Grundlagen der Ungleichheit unter den Menschen. In: Ders., Ritter, H. (Hrsg.). Schriften. Bd. 1. Fischer Verlag. F.a.M.

Safranski, R. (1996). Schopenhauer und die wilden Jahre der Philosophie. Rowohlt. Reinbek.

Samson, L. (1980). Mitleid. In: Ritter, J. (Hrsg.). Historisches Wörterbuch Philosophie. Bd. 5. Sp. 1410f. Schwabe. Basel

Schäfers, B. (2010). Gesellschaft. In: Kopp, J., Schäfers, B. (Hrsg.) (2010). Grundbegriffe der Soziologie. Lehrbuch. 10. Auflage. VS Verlag für Sozialwissenschaften. Wiesbaden

Schiller, H.-E. (2007). Umstrittenes Mitleid. Philosophische Argumente. In: Deutsches Zentralinstitut für soziale Fragen (Hrsg.): DZI Spenden Almanach 2007/8. S. „8-37. Eigenverlag DZI. Berlin

Schopenhauer, A. (1977). Über die Freiheit des menschlichen Willens / Über die Grundlage der Moral. Kleinere Schriften II. Diogenes Verlag AG. Zürich

Ders. (2000). Hauptwerke Band I - Die Welt als Wille und Vorstellung. Parkland. Köln